CIENCIA DE LA VIDA

CADENAS Y REDES ALIMENTARIAS

La lucha por la supervivencia

Andrew Solway

rourkeeducationalmedia.com

www.rourkeeducationalmedia.com

Edición de la versión en inglés: Geoff Barker, Amy Bauman, Rebecca Hunter
Diseño de cubierta: Keith Williams
Diseño interior: Ian Winton
Ilustración: Stefan Chabluk
Búsqueda de imágenes: Rachel Tisdale
Traducción: Yanitzia Canetti
Adaptación, edición y producción de la versión en español de Cambridge BrickHouse, Inc.

ISBN 978-1-61810-467-0 (Soft cover - Spanish)

Rourke Educational Media
Printed in the United States of America,
North Mankato, Minnesota

www.rourkeeducationalmedia.com - rourke@rourkepublishing.com
Post Office Box 643328 Vero Beach, Florida 32964

CONTENIDO

CAPÍTULO UNO

LAS NUTRIAS, LOS ERIZO
DE MAR Y EL QUELPO

A menudo escuchamos sobre seres vivos que están en peligro de extinción. A veces, una planta o un animal está en extinción, o en vías de desaparición. Por lo general no hemos oído nunca hablar del animal o la planta que está en peligro. ¿Importa si se muere?

La historia de la nutria marina muestra lo que puede ocurrir si una especie desaparece de una zona. En el pasado, estas nutrias vivían a lo largo de la costa oeste de América del Norte.

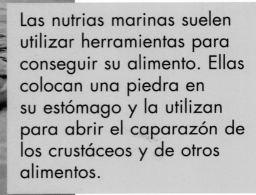

Las nutrias marinas suelen utilizar herramientas para conseguir su alimento. Ellas colocan una piedra en su estómago y la utilizan para abrir el caparazón de los crustáceos y de otros alimentos.

Las nutrias marinas también vivían en la costa oriental de Asia. En el siglo XVIII, los cazadores empezaron a cazar nutrias marinas. Ellos querían el pelo espeso y sedoso de las nutrias. Pronto, las nutrias comenzaron a desaparecer de la costa. En 1911, quedaban menos de 2000 nutrias en el mundo.

UN PELAJE PRECIOSO

Algunos mamíferos marinos, como las focas y las ballenas, tienen una gruesa capa de grasa bajo la piel. Esto las ayuda a protegerse del frío. Las nutrias no tienen esta capa de grasa. Solo tienen una piel peluda. Para mantener el calor, la piel es muy gruesa. Un centímetro cuadrado de piel (2,5 cm^2) contiene un millón de pelos. Esto es diez veces el número de pelos en tu cabeza.

Los erizos marinos púrpura viven a lo largo de la costa oeste de América. Su alimento principal es el quelpo gigante.

Espacios vacíos

Las nutrias marinas viven en bosques de algas pardas. Estas algas se llaman quelpos gigantes. Cuando las nutrias de una zona desaparecen, aparecen grandes espacios vacíos entre los bosques de algas. Los "claros" o espacios vacíos son causados por los erizos de mar. Ellos se alimentan de algas marinas. Pero las nutrias se alimentan de los erizos de mar y mantienen bajo el número de ellos. Por suerte, las nutrias marinas no se extinguieron. Ahora están protegidas y han regresado a muchas zonas. A medida que vuelven, las algas comienza a recuperarse.

DIENTES PÚRPURA

Es fácil saber cuando una nutria de mar se ha comido muchos erizos marinos púrpura. ¡Sus dientes se vuelven púrpura! Y aunque no puedas verlos, los huesos de la nutria también son de color púrpura.

Cadenas y redes alimentarias

Las nutrias marinas, los erizos de mar y las algas están conectados a través de los alimentos. Este tipo de conexión se llama cadena alimentaria. Se produce, por lo general, entre los seres vivos de un mismo **medio ambiente**.

Otros seres vivos están conectados a la cadena alimentaria. Además de los erizos de mar, las nutrias se alimentan de otras cosas. Y además de los erizos de mar, otros animales se alimentan de las algas. Muchos seres vivos están conectados entre sí en una red alimentaria.

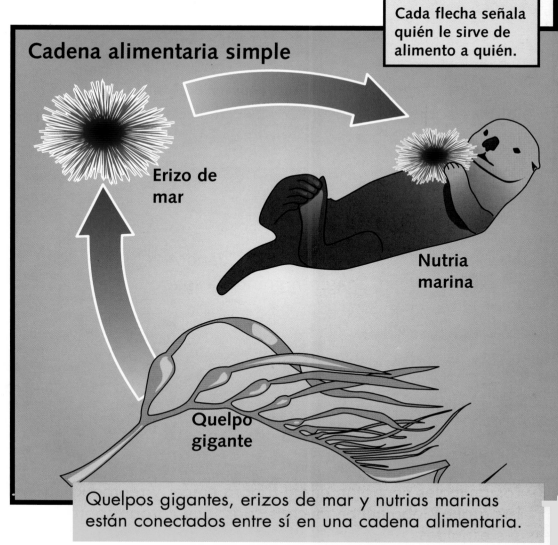

Cadena alimentaria simple

Cada flecha señala quién le sirve de alimento a quién.

Erizo de mar

Nutria marina

Quelpo gigante

Quelpos gigantes, erizos de mar y nutrias marinas están conectados entre sí en una cadena alimentaria.

CAPÍTULO DOS

TODO ACERCA DE LA ENERGÍA

Las cadenas y redes alimentarias se relacionan con la energía. Todos los seres vivos necesitan energía. Sin ella, no pueden crecer, moverse o reproducirse.

Los animales necesitan energía para crecer y reproducirse. Las arañas lobo tienen muchas crías, que cargan sobre sus espaldas.

Como veremos en el próximo capítulo, las plantas obtienen su energía del sol. Ellas usan la energía luminosa para fabricar su propio alimento.

LA ENERGÍA DEL SOL

La Tierra recibe menos de dos mil millonésimas partes de la energía del Sol. Aun así, es una gran cantidad de energía. Pero, ¿cuánta es? Vamos a ponerlo en términos que entendamos. Se necesitarían 440 millones de enormes centrales eléctricas para producir la energía que recibe la Tierra del Sol.

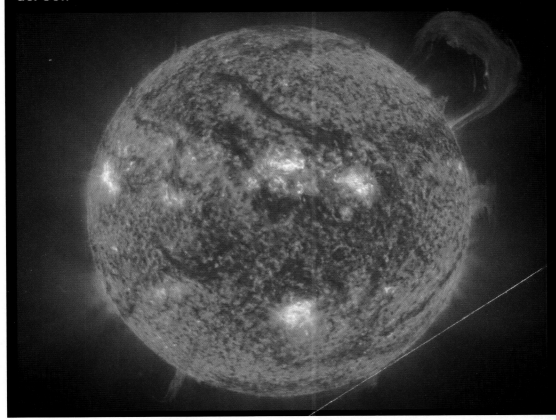

Los animales no pueden producir su propio alimento. Tienen que comer para obtener energía. Algunos se alimentan de plantas y otros de animales. Algunos comen animales y plantas. En última instancia, toda la comida que comen los animales proviene de las plantas. Y las plantas obtienen su energía del Sol. Así que todos los seres vivos obtienen su energía del Sol.

Pérdidas de energía

Las plantas utilizan solo una pequeña cantidad de la energía que proviene del sol. Parte de la energía se va al espacio. Otra parte calienta la tierra y los océanos. Solo 1 ó 2 por ciento de la energía del sol es absorbida por las plantas.

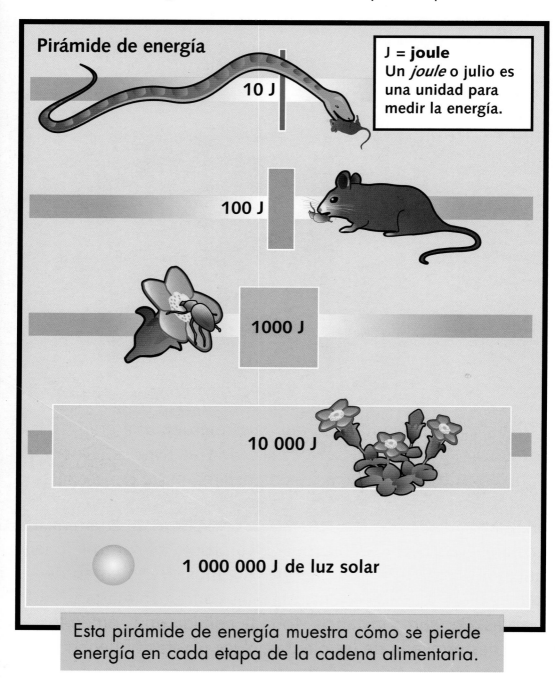

Pirámide de energía

J = **joule**
Un *joule* o julio es una unidad para medir la energía.

10 J

100 J

1000 J

10 000 J

1 000 000 J de luz solar

Esta pirámide de energía muestra cómo se pierde energía en cada etapa de la cadena alimentaria.

Las plantas no usan toda esta energía en su crecimiento. Solo una décima parte de la energía se convierte en materia vegetal. Así que los animales que se alimentan de las plantas obtienen solo una décima parte de la energía que la planta obtiene del sol.

Animales como el guepardo utilizan una gran cantidad de la energía que obtienen de sus alimentos para moverse.

Al igual que las plantas, los animales pierden una gran cantidad de la energía que obtienen de las plantas. Ellos solo convierten en carne cerca de una décima parte de la energía que obtienen de las plantas. Así que los animales que se alimentan de otros animales obtienen solo una milésima parte de la energía que la planta obtiene del sol. Cada etapa de la cadena alimentaria tiene menos energía que la anterior. Debido a esto, hay más plantas que animales que se alimentan de plantas. Y hay más animales que comen plantas que animales que comen carne.

CAPÍTULO TRES
LOS PRODUCTORES

Una cadena o una red alimentaria muestra cómo la energía se mueve de un grupo de seres vivos a otro. Piensa en un ratón. Un ratón obtiene la energía que necesita comiendo hierba y semillas. Si el ratón es devorado por una serpiente, su energía asciende en la cadena alimentaria porque pasa a la serpiente.

Los puntos de partida en cualquier cadena o red alimentaria son los seres vivos que producen su propio alimento. Estos se llaman **productores**. En tierra, las plantas verdes son los principales productores.

Todos los árboles y demás plantas de este bosque están hechos de agua, luz solar y de una pequeña porción de aire.

Las plantas verdes elaboran su propio alimento. Este proceso se llama fotosíntesis. Para ello, necesitan luz solar, dióxido de carbono y agua. Con la energía del sol, las plantas pueden combinar agua y dióxido de carbono para formar glucosa (azúcares). Los azúcares son el alimento de la planta.

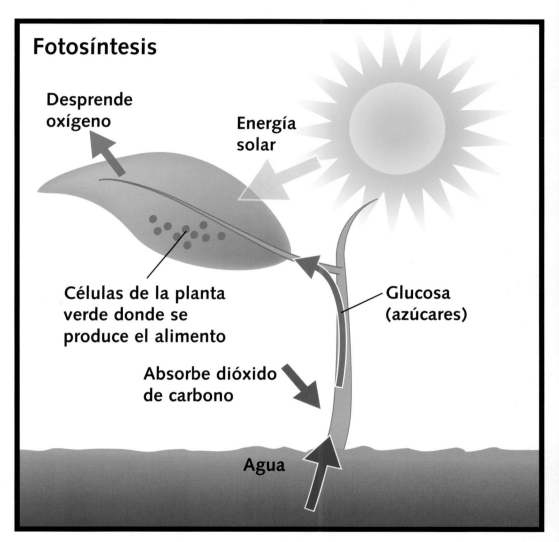

Fotosíntesis

Desprende oxígeno

Energía solar

Células de la planta verde donde se produce el alimento

Glucosa (azúcares)

Absorbe dióxido de carbono

Agua

LOS SERES VIVOS MÁS GRANDES

Las plantas son los mayores seres vivos del mundo. El árbol Sequoia es, probablemente, la mayor de las plantas. El árbol de Sequoia más grande mide casi 275 pies (84 metros) de altura y pesa más de 2000 toneladas (2032 toneladas).

Las algas marinas no son siempre verdes, como las plantas terrestres. Pueden ser de color rojo o marrón como este quelpo.

Los productores en los océanos

En el océano no hay plantas verdes para producir alimento. Las algas marinas como el quelpo son uno de los productores del océano. Los principales productores del océano son el plancton. El plancton está formado por criaturas simples que flotan en las corrientes oceánicas. Pueden ser plantas, animales o bacterias. El plancton vegetal o de plantas se llama **fitoplancton**.

El fitoplancton produce alimentos mediante la fotosíntesis, como las plantas verdes. Y al igual que estas, necesita luz solar para producirlo. Por eso el fitoplancton se encuentra cerca de la superficie del océano.

Aunque pequeñito, el fitoplancton elabora más alimentos que las plantas terrestres. Dos tercios de toda la fotosíntesis de la Tierra se debe al fitoplancton.

MAREAS ROJAS

Cuando las condiciones oceánicas son buenas, el fitoplancton va bien. Puede haber miles de millones de organismos en un cubo de agua. Cuando hay muchos, el agua se torna de color verde, marrón o rojo.

SOMBREROS DE PIRATA Y COPOS DE NIEVE

Los esqueletos de las diatomeas pueden tener muchas formas diferentes. Hay diatomeas redondas que parecen rosquillas. Algunas parecen barcos largos. Otras parecen copos de nieve. Incluso hay diatomeas que tienen tres picos. Parecen sombreros de pirata.

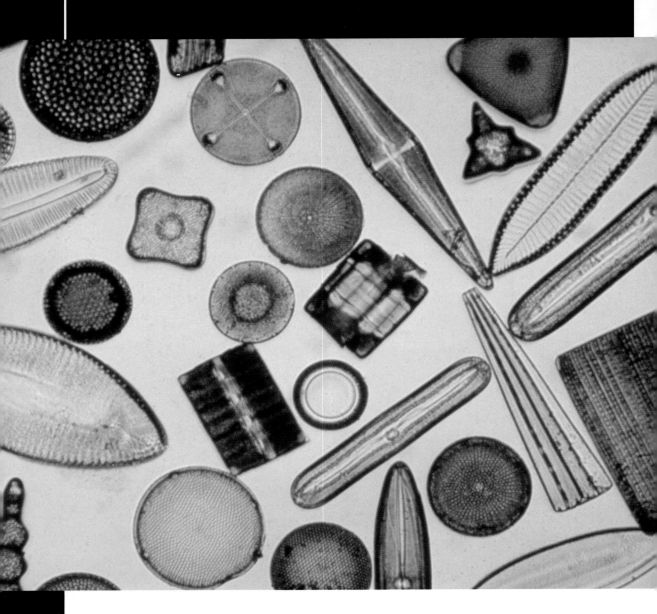

Las diatomeas tienen hermosos esqueletos claros. Parecen hechas de cristal. Son el plancton más común en los mares más fríos. Estas algas verdi-azules o cianobacterias son en realidad bacterias. Se agrupan en largas cadenas, sábanas o bolas huecas. Un número grande de ellas puede colorear el mar de un tono verdi-azul.

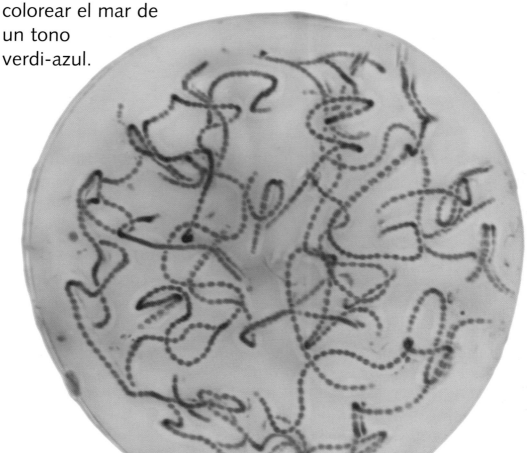

Las cianobacterias son los seres vivos más antiguos. Han existido en la Tierra por más de 3500 millones de años.

Los dinoflagelados se encuentran en aguas tropicales. Son comunes alrededor de los arrecifes de coral. También se encuentran en agua dulce. Todos los dinoflagelados tienen una larga "cola" con forma de látigo. Se llama flagelo. Dan latigazos de un lado a otro al moverse por el agua.

CAPÍTULO CUATRO
LOS CONSUMIDORES

Todo ser vivo que necesita alimentarse es un consumidor. Todos los animales son consumidores, al igual que muchas criaturas microscópicas.

Muchos consumidores se alimentan de plantas o partes de plantas. Se llaman **consumidores primarios**. También se les conoce como **herbívoros**. Animales tales como las vacas, los caballos, los elefantes, los ciervos y los conejos son herbívoros. Ellos se alimentan de hierba y de hojas de arbustos y árboles.

Los colibríes necesitan mucha energía para mantenerse vivos. El néctar azucarado es un alimento de alta energía que los ayuda a seguir adelante.

LOS HERBÍVOROS DEL OCEÁNO

El océano tiene muchos herbívoros. Muchos de estos consumidores primarios se alimentan de fitoplancton. Un grupo es el zooplancton. El zooplancton es el plancton animal. Los peces, calamares, erizos de mar y el krill son también herbívoros. El krill, crustáceos parecidos a los camarones, se encuentra en los océanos fríos. Y los erizos de mar, como sabes, se alimentan de los arrecifes de coral y de las algas marinas.

Otros animales se alimentan de semillas y frutas. Entre estos están las ardillas, los murciélagos, los gorriones, los jilgueros y los loros. Los colibríes, las mariposas y las abejas se alimentan del néctar de las flores. Los animales del suelo, como las larvas y los gusanos, se alimentan de las raíces de las plantas. Todos estos animales son consumidores primarios.

Los consumidores secundarios

Luego vienen los **consumidores secundarios**. Estos animales se alimentan de los consumidores primarios. Algunos son grandes **depredadores**, como los leones, los lobos, los cocodrilos y las águilas. Estos pueden comerse animales que son más grandes que ellos. Algunos leones, por ejemplo, matan y se alimentan del búfalo de agua. Este búfalo pesa el doble de lo que pesa el león.

Las comadrejas atrapan presas muy grandes. Son asesinos mortales. Una sola mordedura en la parte posterior del cuello de un conejo lo mata al instante.

¿EL DEPREDADOR MÁS FEROZ?

¿Qué animal es el depredador más fiero? Puedes medir la ferocidad de un depredador por el tamaño de su presa, así que las comadrejas encabezarían la lista. Estas suelen cazar conejos. Los conejos pueden llegar a pesar casi diez veces más que la comadreja.

Otros consumidores secundarios se alimentan de animales más pequeños que ellos. Las musarañas, los topos, los pájaros y la mayoría de los lagartos se alimentan de insectos. Algunos animales más grandes, también comen insectos, como los osos hormigueros y los osos colmeneros. Estos necesitan comerse muchos insectos. Un oso hormiguero, por ejemplo, puede comerse hasta 30 000 insectos todos los días.

La mantis también es un depredador feroz. Se alimenta de todo tipo de animalito pequeño, como las arañas.

Los consumidores terciarios

Algunos animales son llamados consumidores terciarios.
Esto significa que se alimentan de los consumidores
secundarios. Los consumidores terciarios suelen ser los
"súperdepredadores" en una cadena alimenticia. Esto es, no
hay ningún otro animal que se alimente de ellos.

Este tiburón blanco gigante salta fuera del
agua y captura una foca con sus fauces.
El tiburón es un consumidor terciario.

Un área solo tiene unos pocos "súperdepredadores". Para
entender el porqué, piensa en la pirámide de energía. (Ver
página 10). Esta tiene muchas plantas en la parte inferior.
Pero solo parte de la energía de esas plantas da lugar a
nuevos animales. Significa que habrá menos consumidores
primarios, y que habrá incluso menos consumidores
secundarios y terciarios.

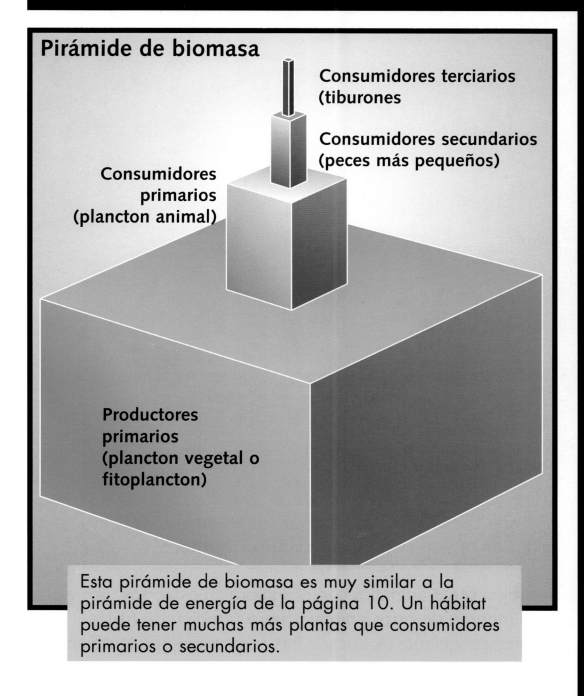

LARGAS CADENAS ALIMENTARIAS

En el océano, las cadenas alimentarias pueden ser largas. Pueden tener una etapa más allá de los consumidores terciarios. Por ejemplo, el plancton animal se alimenta del fitoplancton y sirve de alimento a los peces pequeños. El pez pequeño sirve de alimento al pez grande y a este se lo come un tiburón o una ballena.

Pirámide de biomasa

Consumidores terciarios (tiburones

Consumidores secundarios (peces más pequeños)

Consumidores primarios (plancton animal)

Productores primarios (plancton vegetal o fitoplancton)

Esta pirámide de biomasa es muy similar a la pirámide de energía de la página 10. Un hábitat puede tener muchas más plantas que consumidores primarios o secundarios.

Los osos, como este oso pardo, disfrutan atrapando salmones y otros peces. Pero se alimentan también de las frutas y la miel que brindan las plantas.

Los omnívoros

La mayoría de los seres humanos no son solo consumidores primarios o secundarios. Consumimos alimentos tanto vegetales como de origen animal. Somos **omnívoros**.

También otros animales son onmívoros. Los zorros, por ejemplo, se alimentan de otros animales pero también de frutas. Los osos, mapaches, gaviotas y cucarachas son omnívoros también.

Algunos omnívoros son **carroñeros**. Significa que se alimentan de las sobras que dejaron otros animales. Las hienas, por ejemplo, se comen los restos de los animales matados por otros depredadores. Ellas tienen fuertes mandíbulas y dientes con los que pueden triturar los huesos.

Los erizos se alimentan sobre todo de babosas, caracoles, escarabajos y gusanos, pero también de frutas.

LOS PARÁSITOS

Los parásitos son animales o plantas que viven adheridos o dentro de otros animales y plantas. Son consumidores. La planta de muérdago es un parásito. Vive de otras plantas. Los nemátodos son otros parásitos de las plantas. Las pulgas y las tenias solitarias también son parásitos. A veces se alimentan de los seres humanos.

CAPÍTULO CINCO
LOS DESCOMPONEDORE

Cuando comemos, casi siempre dejamos sobras. Cuando vamos al baño, desechamos residuos de nuestro cuerpo. Estos residuos provienen de los alimentos que hemos comido. Imagina que no pudiéramos deshacernos de las sobras y de los residuos de comida. Pronto la Tierra estaría cubierta de estos. Los **descomponedores** son la forma natural de remover y reciclar los residuos de comida.

El moho de esta naranja es un tipo de hongo llamado penicillium. Este crece extrayendo los **nutrientes** de la naranja.

DESCOMPOSICIÓN EN EL JARDÍN

Para observar el proceso de descomposición, comienza con una pila de desechos. Los desechos son los residuos del jardín y de la cocina. Los descomponedores comienzan a trabajar en las hojas y flores muertas, porciones de césped y cáscaras de vegetales. Pronto comienzan a pudrirse. Después de unos meses, los desechos del jardín se han convertido en rico abono orgánico. Este abono es "alimento" para la tierra del jardín y ayudará a que las plantas crezcan más rápido.

Los descomponedores pudren las cosas. Descomponen todos los residuos vegetales y animales, desde árboles muertos hasta excrementos de insectos, y los convierten en **minerales** y otras sustancias simples. Esto enriquece el suelo y ayuda a que crezcan las nuevas plantas.

27

Los grandes descomponedores

Las bacterias y los hongos son importantes descomponedores. Descomponen las sustancias químicas de los seres vivos. Las convierten en nutrientes para las plantas. Algunos animales más grandes también ayudan al proceso de descomposición, como las lombrices, las babosas y muchos insectos.

Las babosas se alimentan del material vegetal muerto y podrido del suelo. Las lombrices de tierra se alimentan del suelo mismo. Las larvas y algunas moscas se alimentan de animales muertos. Otros insectos como las termitas y los escarabajos agujerean la madera. Los escarabajos peloteros juntan excrementos de animales y los entierran para alimentar a sus crías.

Estos animales hacen un trabajo importante: deshacen los residuos. Esto hace que resulte más fácil el trabajo que hacen luego los verdaderos descomponedores.

Los escarabajos peloteros juntan excrementos de animales y los enrollan en una gran bola. Luego ponen sus huevos junto a la bola de estiércol. Cuando los huevos eclosionan, las crías se alimentan de estos excrementos.

LOS LIMPIADORES DEL OCÉANO

En el océano, la mayoría de los residuos animales cae al fondo. Criaturas como los cangrejos, las estrellas de mar y los erizos marinos se alimentan de esos residuos. Otros animales no esperan a que los residuos caigan al fondo. Los percebes, mejillones y muchas otras criaturas son animales filtradores. Se quedan en un solo lugar y filtran o extraen del agua pequeños trozos de alimentos.

Los hongos son algunos de los descomponedores más importantes de los bosques. Estos hongos venenosos del bosque se llaman amanitas o matamoscas.

Los pequeños descomponedores

El material de desecho se rompe en trozos diminutos. Luego los pequeños descomponedores comienzan su trabajo. Hay miles de tipos de bacterias en el suelo. Los diferentes tipos de bacterias se alimentan de diferentes productos químicos del suelo. Los desecho que producen los productos químicos son simples, como los **nitratos**, que son importantes nutrientes vegetales.

CUANDO LAS COSAS SE PONEN DURAS...

Una de las sustancias más duras en los seres vivos es la lignina. Esta se convierte en madera dura y resistente. La mayoría de las bacterias y los hongos no pueden descomponer la lignina. Sin embargo, algunos microbios pueden suavizarla. Estos microbios son actinomicetos. Son similares a las bacterias y crecen en largas hebras, como los hongos.

Los hongos son también importantes descomponedores. Las setas y los champiñones a los que llamamos hongos, no son la parte principal del hongo. El "cuerpo" de un hongo es una red de finas hebras que se extienden a través del suelo.

Los polyporales u hongos yesqueros crecen en los troncos de viejos árboles muertos.

CAPÍTULO SEIS

EL MONTAJE DE TODO

Hemos visto cómo diferentes plantas y animales están conectados entre sí a través de las cadenas alimentarias. Sin embargo, muy pocas cosas forman parte de una sola cadena alimentaria.

DATOS DE LOS BOSQUES DE ALGAS

El quelpo gigante crece rápido. Es uno de los seres vivos que crece con mayor rapidez. Puede crecer más de 300 pies (90 m) en un año. Esto es importante. Muchas criaturas viven en los bosques de algas. Los científicos han encontrado 23 000 animales alrededor de las raíces de tan solo cinco plantas de algas marinas.

Veamos de nuevo la cadena alimentaria del Capítulo 1. Esta cadena conecta algas, erizos de mar y nutrias marinas. Los erizos de mar se alimentan de algas marinas. Pero otros animales, como los cangrejos y caracoles marinos, también lo hacen. Así que las algas son parte de más de una cadena alimentaria. Al otro extremo de la cadena, la nutria de mar come algo más que erizos de mar. Come almejas y otros alimentos. Al igual que las algas, las nutrias de mar son parte de otras cadenas alimentarias. Las nutrias, las algas marinas y los erizos de mar forman parte de una red alimentaria. Cada red alimentaria incluye muchas plantas y animales.

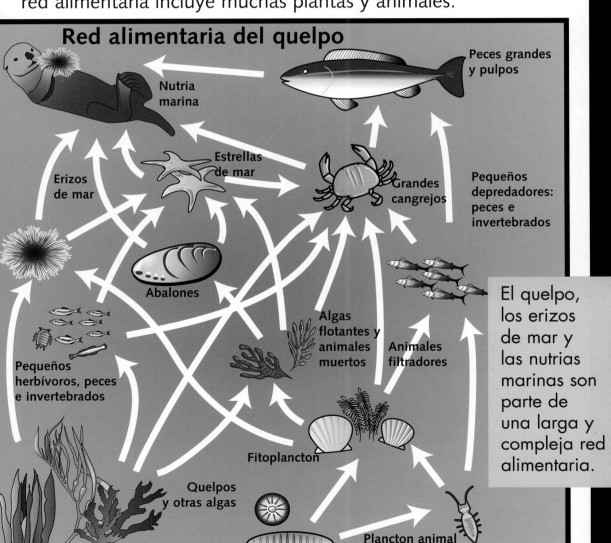

Red alimentaria del quelpo

Nutria marina

Peces grandes y pulpos

Estrellas de mar

Erizos de mar

Grandes cangrejos

Pequeños depredadores: peces e invertebrados

Abalones

Algas flotantes y animales muertos

Animales filtradores

Pequeños herbívoros, peces e invertebrados

Fitoplancton

Quelpos y otras algas

Plancton animal

El quelpo, los erizos de mar y las nutrias marinas son parte de una larga y compleja red alimentaria.

Piensa en las cadenas y redes alimentarias de diferentes lugares. Es evidente que algunos sitios pueden incluir una mezcla más rica de seres vivos que otros. La diversidad (riqueza) de una región depende de las plantas que puedan vivir allí. Y las plantas que pueden vivir allí dependen del clima.

Los bosques crecen donde el clima no es demasiado frío ni demasiado seco. En este tipo de clima, puede crecer una gran cantidad de plantas.

El clima de una región es el promedio de las condiciones atmosféric de esta. Los lugares con un clima cálido obtienen cada año mayor energía solar. En estas áreas crecen más plantas. Las precipitacione también determinan el tipo de planta que puede crecer allí. Las zonas desérticas son secas. No pueden mantener muchas plantas. Por lo tanto estas áreas son menos ricas en vida.

A la cantidad de vida vegetal que puede crecer en un medio ambiente se le conoce como la **productividad** de un entorno.

Los desiertos son áreas donde el clima es muy seco. Sin agua, la tierra puede sostener muy pocas plantas.

LA PRODUCTIVIDAD DE UN MEDIO AMBIENT

El siguiente gráfico muestra la productividad de diferentes ambientes. Algunos están tierra y otros en el océano. Las selvas tropicales son las áreas terrestres más producti de la tierra. Los estuarios (desembocaduras de los ríos) y los arrecifes de coral son la zonas de aguas más productivas.

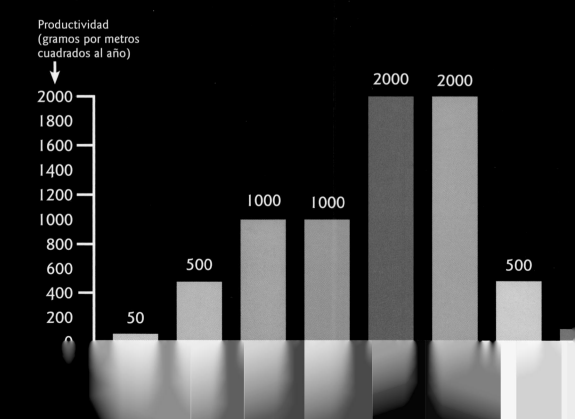

Productividad
(gramos por metros
cuadrados al año)

La redes simples

Hay muchas redes alimentarias diferentes en el mundo.
Algunas son simples e incluyen solo unas pocas **especies**.

Las cadenas alimentarias del desierto suelen ser simples. Las
plantas del desierto, como los cactus, son los productores del
desierto.

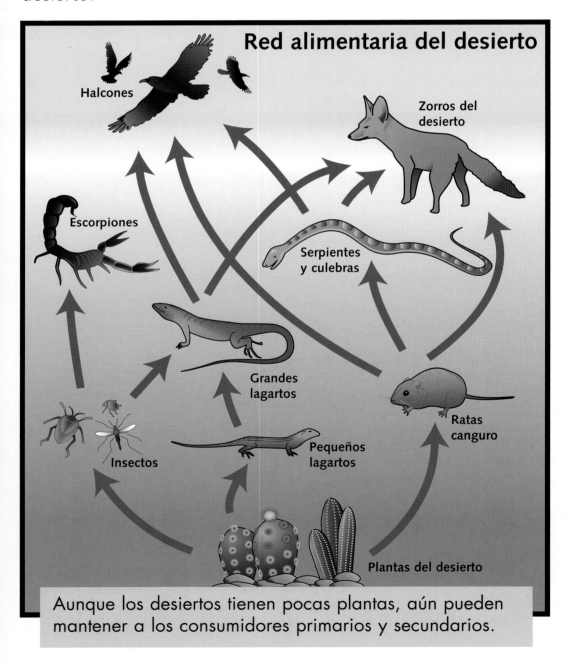

Red alimentaria del desierto

Halcones

Zorros del desierto

Escorpiones

Serpientes y culebras

Grandes lagartos

Ratas canguro

Insectos

Pequeños lagartos

Plantas del desierto

Aunque los desiertos tienen pocas plantas, aún pueden
mantener a los consumidores primarios y secundarios.

Una red alimentaria simple se encuentra en el Océano Antártico. Allí, el krill se alimenta del plancton vegetal y animal. Los peces, las aves marinas, los pingüinos, las focas y las ballenas se alimentan del krill. Luego los súperdepredadores como los cetáceos dentados, se alimentan de focas, pingüinos y calamares.

LOS CAMPEONES DEL ANTÁRTICO

Las cadenas alimentarias del Antártico no incluyen muchas especies. Pero hay un gran número de criaturas en cada nivel. Mira la foca cangrejera, por ejemplo. Hay muchas más focas cangrejeras que cualquier otro mamífero grande, excepto los seres humanos.

Red alimentaria del Antártico

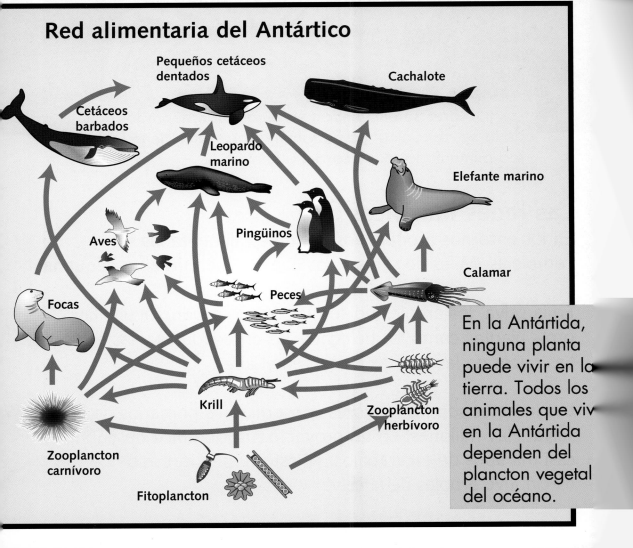

Pequeños cetáceos dentados

Cachalote

Cetáceos barbados

Leopardo marino

Elefante marino

Aves

Pingüinos

Calamar

Focas

Peces

Krill

Zooplancton herbívoro

Zooplancton carnívoro

Fitoplancton

En la Antártida, ninguna planta puede vivir en la tierra. Todos los animales que viv en la Antártida dependen del plancton vegetal del océano.

Los jaguares se encuentran entre los súperdepredadores de la selva tropical de Sudamérica. La selva tiene la red alimentaria más rica del planeta.

Las redes más ricas

En los entornos productivos, las redes alimentarias son complejas. Miles de seres vivos coexisten en un área pequeña.

En la selva, los árboles no son los únicos productores. Hay otras plantas como los helechos, las enredaderas y las epífitas. Las raíces de las epífitas crecen en el aire.

Los insectos son los mayores consumidores primarios de la selva. Hay millones. En un proyecto, un científico descubrió casi mil tipos de escarabajos. ¡Y esto fue en tan solo diecinueve árboles de la selva!

Los consumidores secundarios incluyen insectos, aves, serpientes, lagartos y mamíferos como los osos hormigueros y los perezosos. Los súperdepredadores son los jaguares, los **caimanes** y las águilas. Las conexiones entre todos estos seres vivos son complejas.

EL BANQUETE DEL VERANO

En algunas regiones el suministro de alimentos puede variar. Puede haber un montón de comida en una época del año. En otro momento puede ser muy escasa. Por ejemplo, el Ártico tiene un montón de comida en el verano, pero no en el invierno. Animales como el caribú y muchas aves viajan al Ártico durante el verano. ¡No se quieren perder el banquete de la estación!

CAPÍTULO SIETE

LAS REDES VARIABLES

Las redes alimentarias cambian. Cambian cuando se modifica el medio ambiente. Imagina que un grupo de plantas se extingue. Los animales que se alimentan de esas plantas deben hallar otro alimento. O tal vez un nuevo animal entra en un área y compite con los animales que ya viven allí. Estos cambios suelen afectar toda la red alimentaria.

A menudo los animales tienen que sobrevivir en condiciones difíciles. Este ganado de Queensland, Australia, compite por los alimentos en una misma zona.

LAS NUEVAS ESPECIES

A veces, la gente ha llevado animales o plantas a zonas donde no pertenecen. Esto puede tener efectos terribles sobre la red alimentaria de un área. Por ejemplo, los conejos fueron llevados a Australia en la década de 1700. Desde entonces, se han extendido por todo el continente. Algunas áreas están ahora invadidas por conejos. Los conejos dañan los cultivos agrícolas y el medio ambiente.

Este grupo de orcas nada en la costa de Alaska. Las orcas suelen cazar en pequeños grupos conocidos como manadas.

La red alimentaria de los quelpos es un ejemplo de cómo varían las redes alimentarias. En los últimos años, el número de nutrias marinas de Alaska ha disminuido. Esto sucedió porque las orcas (ballenas asesinas) comenzaron a comérselas. En el pasado, las ballenas comían principalmente focas. Pero como comenzaron a escasear las focas, las ballenas se lanzaron entonces a la caza de nutrias marinas.

Los seres humanos han modificado las redes alimentarias en muchas partes del mundo. Los mayores cambios en las redes son causados por la destrucción del hábitat. Hemos destruido bosques, praderas y pantanos para el cultivo y la construcción de ciudades y pueblos. Muchos seres vivos se han extinguido a causa de estos cambios.

Los seres humanos han modificado el hábitat de muchas partes del mundo para cultivar alimentos. Estos campos de trigo en East Grand Forks, Minnesota, fueron alguna vez vastas praderas.

EL CAMBIO CLIMÁTICO

El cambio climático está afectando las redes alimentarias en todo el mundo. Muchos arrecifes de coral están luchando para sobrevivir porque el agua se ha vuelto demasiado caliente para ellos. En el otro extremo del mundo, los osos polares se están muriendo de hambre. El hielo del Ártico se derrite más temprano cada año. Los osos necesitan el hielo para llegar a sus terrenos de caza.

Al comienzo del libro leímos acerca de las nutrias marinas. Supimos cómo la desaparición de estas nutrias causó problemas en los bosques de algas. Por suerte, las nutrias marinas no se extinguieron. Pero no debemos olvidar la historia. Nos recordará que debemos proteger los hábitats naturales y las redes alimentarias. Cualquier interrupción en estas complejas conexiones afectará a los seres humanos, así como a otros seres vivos.

GLOSARIO

algas — seres vivos parecidos a las plantas, que viven especialmente en el agua, dulce o salada. Los quelpos son algas

caimán — tipo de cocodrilo que se encuentra en Sudamérica y el Caribe

caribú — gran mamífero de la familia del venado y relacionado con el reno

carroñero — animal que se alimenta de animales muertos u otro tipo de residuos

consumidor primario — cualquier animal que se alimenta de plantas o de otros productores

consumidor secundario — animal cuyo alimento principal son los consumidores primarios

consumidor terciario — animal cuyo alimento principal son los consumidores secundarios

descomponedores — seres vivos, como hongos y bacterias, que obtienen sus alimentos por la descomposición de los restos de plantas o animales

diatomeas — especie de plancton que parece de cristal

depredador — animal que atrapa y se alimenta de otros animales

dinoflagelados — tipo de plancton que tiene en su cuerpo un largo flagelo (cola) en forma de látigo

energía — capacidad de hacer un trabajo, se mide en *joules* o julios

especies — grupo de animales muy similares que pueden alimentarse juntos para tener crías sanas

extinto — cuando un tipo particular de animal o planta desaparece, muere o se extingue por completo

fitoplancton — plancton que puede producir su propio alimento, al igual que las plantas

herbívoro — animal que solo se alimenta de plantas

joule **o julio** — unidad para medir la energía o la capacidad de hacer un trabajo

medio ambiente — espacio natural de tierra, mar o aire

minerales — sustancias químicas simples que se encuentran en el suelo

nitratos — sustancias químicas que contienen los elementos nitrógeno y oxígeno

nutrientes — sustancias simples que los animales necesitan para su alimentación

omnívoro — animal que se alimenta lo mismo de animales que de plantas, o de la mezcla de estos.

plancton — seres vivos microscópicos y muy pequeños que se desplazan a la deriva por las corrientes oceánicas

productor — planta, o cualquier otro ser viviente que produce su propio alimento

productividad — cantidad de vida vegetal que puede crecer en un ambiente particular

MÁS INFORMACIÓN

Libros (disponibles en inglés)

Food Chains and Webs. Lewis Parker. Perfection Learning, 2005.

Life in a Kelp Forest. Mary Jo Rhodes and David Hall. Children's Press, 2006.

The World of Food Chains with Max Axiom, Super Scientist. Liam O'Donnell. Capstone Press, 2007.

Who Eats Who in City Habitats? Robert Snedden. North Mankato, Minnesota; Smart Apple Media, 2006. Uno de los libros de esta serie. Otros cubren las cadenas alimenticias de las praderas, selvas, desiertos, ríos y lagos, y de las costas.

Sitios en la internet

www.pbs.org/edens/etosha/feedme.htm
Este sitio le echa un vistazo a la vida animal del Parque Nacional de Etosha, en el sur de África, y a sus cadenas alimentarias.

http://ecokids.earthday.ca/pub/eco_info/topics/frogs/ chain_reaction/index.cfm#
Con estas actividades puedes intentar construir una cadena alimentaria.

http://curriculum.calstatela.edu/courses/builders/lessons/ less/biomes/introbiomes.html
Este sitio muetras cadenas alimentarias en diferentes climas del mundo.

www.bbc.co.uk/nature/blueplanet/webs/flash/ main_game.shtml
BBC Nature.
Descubre cómo las especies interactúan entre sí en un arrecife de coral.

http://www.kidsknowit.com/interactive-educational
Kidsknowit Network.
Este sitio ofrece una película gratis sobre la cadena alimentaria y pone a prueba tus conocimientos con un cuestionario en línea.

ÍNDICE